太喜欢数学了！

〔瑞典〕克里斯汀·达尔 著
〔瑞典〕斯文·诺德奎斯特 绘
王梦达 译

南海出版公司

图书在版编目（CIP）数据

太喜欢了！数学 ／ （瑞典）克里斯汀·达尔著；
（瑞典）斯文·诺德奎斯特绘；王梦达译. —— 海口：南
海出版公司，2020.2
　　ISBN 978-7-5442-9701-1

　　Ⅰ．①太… Ⅱ．①克… ②斯… ③王… Ⅲ．①小学数
学课－课外读物 Ⅳ．①G624.503

　　中国版本图书馆CIP数据核字（2019）第221052号

著作权合同登记号　图字：30-2019-090

MATTE MED MENING
By Kristin Dahl (text) and Sven Nordqvist (illustrations)
Copyright © 1994 text by Kristin Dahl and illustrations by Sven Nordqvist
Originally published in Sweden by Alfabeta Bokförlag
Simplified Chinese edition copyright ©
2020 THINKINGDOM MEDIA GROUP LIMITED
All Rights Reserved.

太喜欢了！数学
〔瑞典〕克里斯汀·达尔 著
〔瑞典〕斯文·诺德奎斯特 绘
王梦达 译

出　　版　南海出版公司　（0898）66568511
　　　　　海口市海秀中路51号星华大厦五楼　邮编 570206
发　　行　新经典发行有限公司
　　　　　电话（010）68423599　邮箱 editor@readinglife.com
经　　销　新华书店

责任编辑　侯明明
装帧设计　李照祥
内文制作　博远文化

印　　刷　北京盛通印刷股份有限公司
开　　本　889毫米×1194毫米 1/32
印　　张　4
字　　数　60千
版　　次　2020年2月第1版
印　　次　2024年9月第9次印刷
书　　号　ISBN 978-7-5442-9701-1
定　　价　45.00元

目录

作者的话

你对数学的印象是什么？难得令人绝望？甚至，讨厌到你都不愿多看一眼？

别灰心，在真正了解数学之前，我的感觉和你一样。

希望你读过这本书之后，对数学有所改观。将已经掌握的知识稍加梳理，你就会发现：数学其实既不复杂，也不枯燥。

现在就拿起笔来，跟着书中的问题写写算算。要记得反向思考哦！

——克里斯汀·达尔

附：搞懂数学的诀窍是搭建模型。

一年中的某几个月有 30 天,另几个月有 31 天。那么,一年中哪几个月有 28 天?

这道题和数学有什么关系?
在数学中,逻辑思维能力和计算能力同样重要!

答案:所有 12 个月

假设你的房间漆黑一片,抽屉里有 10 只白袜子和 10 只蓝袜子。随机最少拿出几只,才能确保凑出一双同色的袜子?

这道题和数学有什么关系?
又到考验你逻辑思维的时候啦!

答案:3 只

一个农民原来有 17 只绵羊。除了 9 只,其他都死了。这个农民还有几只绵羊?

这道题和数学有什么关系?
用一个数减去另一个数并不一定能得出正确答案。

答案:9 只

天空中飞过一群大雁,一只大雁的前面有两只大雁,一只大雁的后面有两只大雁,一只大雁的前后各有一只大雁。请问,要满足上述队列要求,最少需要几只大雁?

这道题和数学有什么关系?
数学需要构建几何模型。

答案:3 只雁排成一列

医生给你 3 粒药,嘱咐你每隔半小时吃一粒。从吃第一粒药算起,到吃完最后一粒,总共要花多长时间?

这道题和数学有什么关系?
度量和计算是数学的重要组成部分。度量的对象包括距离、时间等。

答案:1 小时

人人都是数学家

数学是什么？和大多数人一样，听到数学这个词，你首先联想到的应该是各种数字和加减乘除运算吧。

这么想当然没错。利用数字进行运算是数学的重要组成部分。数字这个概念，少说也有上万年的历史了。我们已知的是，生活在 3 万年前的人类就已经掌握了统计数量的本领。考古发掘出一根距今约 3 万年的狼骨，上面标记的一道道刻痕就是证据。

狼骨

3

二加二等于四这一事实比你周围最古老的岩石存在得更久。岩石或许只有数十亿年的历史，再过几十亿年便风化瓦解。但那时，二加二依然等于四！

你可能从没想过，其实每个人都是数学家。比如下面这个女孩，她在地上一格格画出"小房子"，边跳边数。左脚跳跳，右脚跳跳，有时双脚一起跳。按照顺序来来回回地跳格子，这就是数学！

衣服的图案也是数学。你有没有想过，这些条纹、格子和星星图案为什么会循环往复出现呢？在缝纫或编织的时候，肯

定遵循了某种工艺模型吧？如果完工时所有图案刚好能拼接在一起，那绝对出自心灵手巧的数学家之手！

巴勒斯坦拉姆安拉当地服装的
刺绣工艺
图片：瓦娜·贝克曼

　　生活中的一切都与数学息息相关：采购食品、从银行取款、买彩票、关注赛事比分、织毛衣、量取止咳糖浆、玩扑克牌，等等。这时往往要用到固定的运算法则，比如 $2+2=4$，或者 $4 \times 13 = 52$（一副扑克牌里有 4 种花色，每种花色各有 13 张牌，用 4 乘 13 就可以得出牌的总张数，即 52 张）。

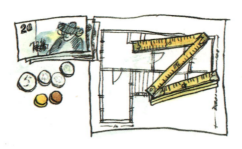

　　运算法则是数学的基本框架。

　　但数学可不仅仅是四则运算这么简单。

数学是一门语言

数学家有自己的语言。他们创造出类似正方形、拓扑学、正八面体、质数这样充满奇思妙想的词汇，用以描述研究数学的工具和成果。这是一门极其精准的语言，半点都马虎不得。

如果没学过基本概念，数学家的语言听来简直就是天书。就像我们学习英语一样，只有掌握了词汇和语法知识，才能进一步理解和交流。

数学语言是一门国际化的语言，通行于全世界各个国家。也许你和一个英国男孩或者一个日本女孩交流起来困难重重，但看懂他们的数学课本绝对轻轻松松。

底板球！

7

数学语言是一种符号，它能最为精简地记录数学思维。比如：

我们通常说："六乘八等于四十八。"

数学家会说："因数 6 和 8 相乘，所得乘积为 48。"

用数学符号语言表达是：$6 \times 8 = 48$。

符号

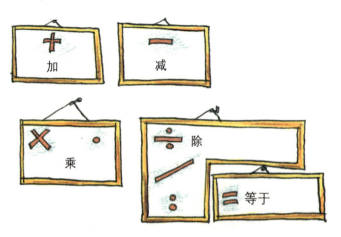

数学是一种工具

科研人员利用数学作为工具，探索自然的奥秘，比如宇宙的形成和生命的起源。理论的推定往往依赖数学语言来实现。

- 研究太空的天文学家能够确定银河系的形态。

- 物理学家能够探究原子的内部结构。原子很小很小，肉眼无法看见，却是宇宙万物的基本单位。你、我和其他所有的人，学校的课桌椅，房屋和汽车，空气，花草树木，地球和其他星球……都由原子构成。物理学家将原子核细分成更小的粒子。由于组成原子核的中子和质子均不可见，在描述它们的性质时，就需要用到数学。

- 科学家能够评估核能的使用效率，以及核废料的再利用情况。

- 生物学家能够计算出细菌的繁殖速度。

数学是一种辅助手段

工作和日常生活中，数学都是一种必要且有效的辅助手段。作为所有科学技术的基础，数学帮助工程师设计和制造出各种产品，比如冰箱、CD 播放机、电脑、桥梁、飞机、武器、卫星、房屋、宇宙飞船。数学还可以帮助气象学家预测未来一段时间的天气状况。

要是建筑师能计算得更准确些……

美国华盛顿州的塔科马海峡大桥于 1940 年竣工，桥长 800 米。由于存在设计缺陷，哪怕最轻的风都会导致大桥来回摇晃。

大桥通车 4 个月后迎来了一场强风，桥面剧烈摆动，发生扭转变形，就好像一只刚出水的小狗拼命甩掉身上的水。几个小时后，塔科马海峡大桥彻底垮塌。

　　万幸的是，事发时桥面上只有一辆汽车，司机成功逃离。建筑师们从这一错误中吸取经验，从此知道桥梁设计必须经过严格的数学分析和计算，以保证稳固。

图片：Pressens Bild

数学是假设，是猜想，是各种疯狂的念头

　　数学家们研究数学的目的，不仅是将新理念、新想法和新推导出的公式广泛应用于工程学、物理学和天文学等领域，还在于最大限度地发挥想象力，创造出新的概念和思维模式。

比如像这样：

$$\int_a^t f(x)dx = G(t) - G(a)$$

虽然在现实生活中找不到任何与之对应的实物，但这一公式充分体现了数学家们天马行空的创造力。或许在未来的某一天，它会悄悄改变你我的生活。

数学无处不在

动物、植物、建筑、艺术……我们身边到处都能看见数学。

从图形中获得灵感

让我们看看右边这个图形！它由 4 条边和 4 个角组成，因此称作任意四边形。

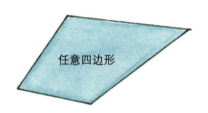

任意四边形

现在，我们需要分别标出每条边的中点（总共 4 个中点），然后用 4 条线段依次连接，得出一个新的四边形。

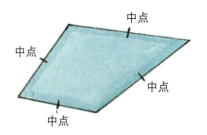

中点
中点
中点
中点

你会惊讶地发现，新四边形的两条短边完全相等，两条长边也完全相等。这样的图形就是平行四边形。

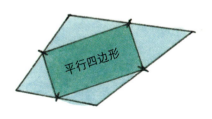

平行四边形

正是通过这种方式，数学家从各种图形中获得灵感，找出相同点和规律，从而推导定理、构建模型。

在纸上画一个任意四边形。钝角、锐角，长边、短边，你可以尽情发挥，创造出最奇怪的边边角角。然后用尺子量出每条边的中点，再用线段依次连接。

看，一个平行四边形出现了！多试几次吧！

下一层塔有多大?

构建模型往往是人们解决问题的关键(不仅限于数学领域)。只要找出了规律,就很容易推导出下一步的结果。

让我们看看右边的图。最上面是一个单独的矩形。由于它的四条边完全等长,因此又称为正方形。假设用同样的正方形搭一座塔,2 层需要用到 4 个正方形,3 层就要用到 9 个。以此类推,4 层的塔需要用到几个正方形呢? 5 层、6 层呢?

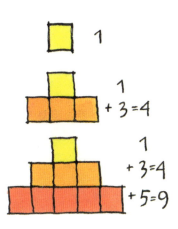

1

$1 + 3 = 4$

$1 + 3 = 4$
$+ 5 = 9$

做一做

让我们先拿出笔,顺着塔再往下画几层,边画边算。

比如,第四层应该画 7 个正方形,那总共加起来就用到 $9 + 7 = 16$ 个。我们一边画,一边将计算的等式列在右边。

现在我们来看看这些数字:1,4,9,16,25,36……(省略号代表这一数列可以无限延伸下去。)找到规律了吗?

这些数称为平方数,又叫正方形数。你知道为什么吗?

1
$+3=4$
$+5=9$
$+7=16$
$+9=25$
$+11=36$

为什么叫它正方形数?

难道是因为我画的都是正方形……

15

建塔的时候，你还可以用三角形代替正方形（记得要选择边长一样的正三角形）。第一层画 1 个三角形；第二层画 3 个，总共是 4 个；第三层画 5 个，总共是 9 个……以此类推，想想看，最后会出现一个怎样的图形？

你还可以为三角形涂上不同的颜色，创造出属于自己的模型。

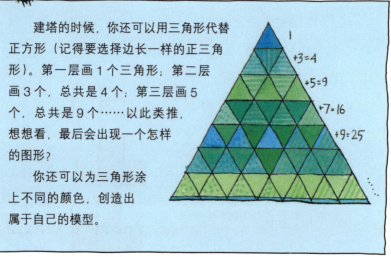

1
+3=4
+5=9
+7=16
+9=25

噍，任何一个正方形数都可以搭出一个正方形。

原来是这样啊！

16

用火柴拼搭三角形

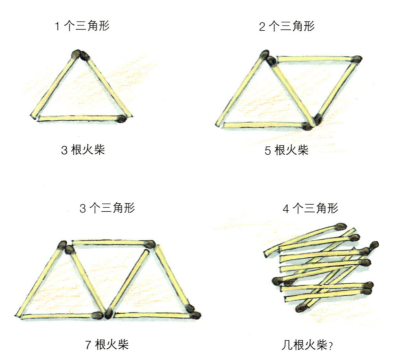

1 个三角形

3 根火柴

2 个三角形

5 根火柴

3 个三角形

7 根火柴

4 个三角形

几根火柴?

 做一做

拼搭三角形模型,你需要准备好一盒火柴。

1 个三角形需要用 3 根火柴,2 个三角形需要 5 根火柴,3 个三角形需要 7 根火柴,以此类推。

4 个、5 个和 6 个三角形,分别要用多少根火柴?10 个呢?11 个呢?

到目前为止，你都可以通过动手拼搭的方式，数清楚所需火柴的数量。可如果问你，搭出 39 个三角形，需要用到多少根火柴呢？甚至 85 个、100 个？

解决这个问题，最好的方法是制作一张表格，就像这样：

三角形	火柴	
1	3	= 1+2
2	5	= 1+4 = 1+2×2
3	7	= 1+6 = 1+3×2
4	9	= 1+8 = 1+4×2

三角形和火柴的数量之间有什么联系吗？

18

设计图案

缝纫拼布床单，为浴室地板铺瓷砖，在方格纸里涂色，这些都属于几何图案的设计。

从远古时代起，人类就开始用布料或石块设计出美丽的图案，其中不少称得上是精妙绝伦的艺术品。

拼布工艺
图片：布·阿佩尔托夫

这种艺术的特色是图案的规律重复性。条纹、格子、三角、星星和圆环按照一定顺序交替往复，成为数学在美学中的体现。

自然界也存在类似的图案。蜘蛛的网、蜜蜂的巢、乌龟的壳、长颈鹿的皮肤，甚至干涸河床的裂纹，这些都是大自然巧手造就的或有序或无序的几何图案。

留心观察四周，你肯定会发现这样的图案。约上几个朋友一起，在学校附近转一圈。带上纸和笔，把你们看见的图案画下来，或者用相机拍下来。

人行道、井盖、栅栏、砖墙，这些建筑都有着怎样的图案？家里的挂毯、地板、窗帘、桌垫、毛毡、枕头，这些家居用品又有怎样的图案？

你可以试着对不同的图案进行比较和分析：它们有规律吗？图案会重复出现吗？它们由几何图形构成吗？比如三角形、正方形、长方形，或是其他多边形？

什么是密铺

密铺（源于拉丁语 tessella，原意指古罗马的马赛克镶嵌图案中的方形小石子或瓦片）是一种马赛克镶嵌工艺。利用若干种形状、大小相同的几何图形进行拼接，使其覆盖的表面不留一点空隙，也不会出现任何重叠。

我们先了解最基础的密铺图形：正方形、正三角形、正五边形、正六边形、正八边形、正十二边形。

这些正多边形里，有一些可以实现单独密铺。比如正方形、正三角形和正六边形，它们能够完美地拼接在一起，严丝合缝。

但在用正八边形进行密铺时，中间就会留出正方形的空隙。正五边形和正十二边形的密铺同样不能完全贴合。

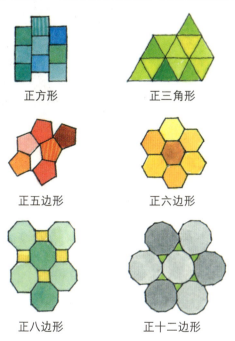

正方形   正三角形

正五边形   正六边形

正八边形   正十二边形

做一做

需要准备的材料：彩纸、纸板、铅笔、剪刀、胶水。

本书最后附有正多边形的模板，可用复印机进行缩放和复印。剪下模板，在彩纸上描出轮廓，分别裁开。（用硬纸板做出的正多边形更结实。）

尝试设计出不同的几何图案。不妨先参考已有的图案进行拼接，再发挥想象力，拼出富有创意的图案。以下是 3 条建议：

- 边对边进行拼接
- 角对角进行拼接
- 隔开固定距离进行拼接

看一看，它们彼此完全贴合在一起了吗？如果没有，留出的空隙又是什么形状？

如果想要保存设计出的图案，可以用胶水将它们粘贴在白纸上。

看起来不怎么像数学嘛。

22

艺术中的数学

纳姆·嘉宝的雕塑作品
图片：瑞典国家博物馆

纳姆·嘉宝是一位著名的艺术家。他于 1890 年出生在俄国，之后移民并定居美国，直至 1977 年去世。利用线条在不同框架内的延伸和扭转，他构建出美丽的曲线和图案，创造出一件件雕塑作品。嘉宝形成了自己独特的艺术风格，成为构成主义的先驱。

在纸上画两条线，标出每一厘米的刻度，稍加变化，你也能创作出这样的图案。

我们可以从两条平行线开始。所谓平行线，就是同一平面内永不相交的两条直线。我们在这两条直线上分别标出 10 厘米的刻度，然后将刻度之和为 10 的两点连起来。

完成后，你会发现所有连线相交于同一点。

$$0 + 10 = 10$$
$$1 + 9 = 10$$
$$2 + 8 = 10$$
$$3 + 7 = 10$$
$$4 + 6 = 10$$
$$5 + 5 = 10$$

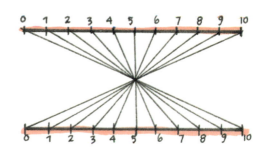

如果选择不平行的两条直线，结果又会如何呢？

比如，我们将下图中总和为 13 的两点依次相连。

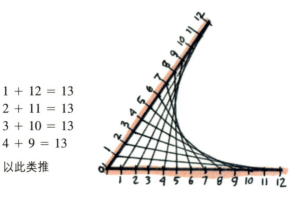

1 + 12 = 13
2 + 11 = 13
3 + 10 = 13
4 + 9 = 13
以此类推

好漂亮的曲线！画的是直线，连出来的却是曲线，多神奇！

做一做

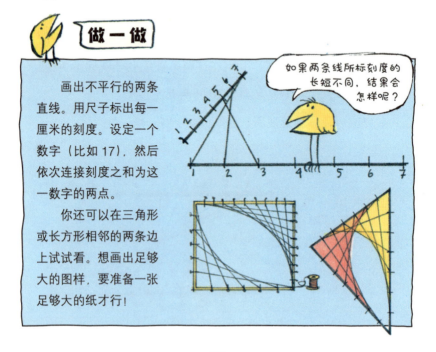

画出不平行的两条直线。用尺子标出每一厘米的刻度。设定一个数字（比如 17），然后依次连接刻度之和为这一数字的两点。

你还可以在三角形或长方形相邻的两条边上试试看。想画出足够大的图样，要准备一张足够大的纸才行！

如果两条线所标刻度的长短不同，结果会怎样呢？

24

如何画圆形

利用圆规可以画出标准的圆。圆是一个闭合的圈，从圆心到圆周上任意一点的距离完全相等，这一距离就是圆的半径。两条半径的长度之和等于一条直径。

做一做

用圆规画一个圆。圆规两脚间的距离即为半径，保持这一距离不变，刚好能在圆周上均等地画出6个点。

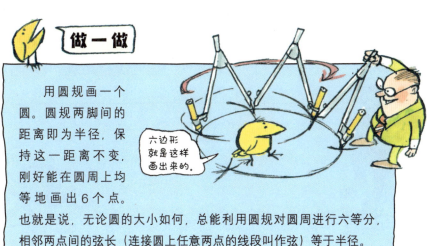

也就是说，无论圆的大小如何，总能利用圆规对圆周进行六等分，相邻两点间的弦长（连接圆上任意两点的线段叫作弦）等于半径。

有了圆和六等分点作为基础，你可以设计出更多图案。下面就是一些例子。

如何画出一个大圆

只需两根木棍和一捆绳子，你就可以在屋外画一个大大的圆。

- 将两根木棍分别固定在绳子两端。
- 把其中一根木棍插入土中，确保其不会移动。尽量拉直绳子，用另一根木棍在地上画出圆的轨迹。
- 绳长即为圆的半径。绳子伸长或缩短决定了圆的大小——你想画多少个都没问题！

和好朋友合作，校园操场有多大，你们就能画多大的圆。

如果是水泥地的话，可以将绳子一端松松地系在易拉罐上（以免画圆时绳子缠绕），另一端绑上粉笔来操作。

毕达哥拉斯——数学界的传奇人物

毕达哥拉斯是赫赫有名的古希腊数学家。他生活在距今约2500年前，在数学界堪称传奇人物。民间流传有许多关于他的奇闻逸事。比如，他曾在一次搏斗中，咬死了一条毒蛇！据说毕达哥拉斯活了100岁，综合各种版本的故事，他甚至会在同一个时间出现在好几个不同的地点。

我们能确定的是，毕达哥拉斯出生在爱琴海的萨摩斯岛，曾在名师门下学习物理和数学。因为与萨摩斯岛的统治者不和，他被迫流亡海外，辗转多个国家后才在意大利南部扎根下来。他在当地创办了一所招收年轻人的学校，教授宗教、音乐和数学等课程，后来成立了一个秘密社团，逐渐衍生出毕达哥拉斯学派。

毕达哥拉斯将专门从事几何学和天文学研究的资深门徒称为"mathematikoi"，这正是"数学家"一词的希腊语原形，在当时泛指学者。

做一做

叫上两个好朋友，找出 3 根分别长 3 米、4 米和 5 米的绳子，再挑一个宽敞点的地方。3 根绳子首尾相连，绳头牢牢攥在每个人手中。握住两根较短绳子的人站在角落，另两人拉住绳子直至绷紧。

现在，3 根绳子组成了一个三角形。问题来了：长度为 3 米和 4 米的两根绳子，形成了哪种夹角？

4米

5米

这个夹角是多少度？

3米

正是毕达哥拉斯发明了"数学"一词。不过，他最著名的成就还是毕达哥拉斯定理（又称"勾股定理"）。

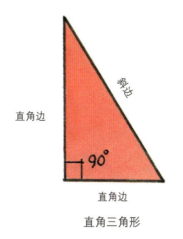

直角边

斜边

直角边

90°

直角三角形

毕达哥拉斯定理是有关直角三角形的知识，你们手里的绳子，应该也能拉出一个直角三角形吧？只要是直角三角形，3 条边之间必然存在特殊的关系。

与直角相邻的两条短边称为直角边。直角所对的边也是

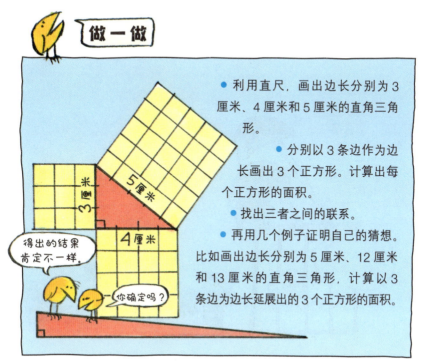

做一做

3厘米

5厘米

4厘米

得出的结果肯定不一样。

你确定吗？

● 利用直尺，画出边长分别为 3 厘米、4 厘米和 5 厘米的直角三角形。

● 分别以 3 条边作为边长画出 3 个正方形。计算出每个正方形的面积。

● 找出三者之间的联系。

● 再用几个例子证明自己的猜想。比如画出边长分别为 5 厘米、12 厘米和 13 厘米的直角三角形，计算以 3 条边为边长延展出的 3 个正方形的面积。

最长的那条，称为斜边。3 条边之间的关系是：

一条直角边的边长与它本身的乘积，加上另一条直角边的边长与它本身的乘积，二者之和等于斜边的边长与它本身的乘积。

也就是说：$3 \times 3 + 4 \times 4 = 5 \times 5$，即 $9 + 16 = 25$。你之前计算正方形面积时，得到的是不是同样的数字？

不过数学家认为，重复写同样的数字实在太麻烦，于是他们用 3^2 代替了 3×3，用 4^2 代替了 4×4，用 5^2 代替了 5×5。他们会说"3 的二次方""4 的二次方"和"5 的二次方"。

之前的等式可以写成：$3^2 + 4^2 = 5^2$。

（根据 $3 \times 3 = 3^2$，很容易得出 $3 \times 3 \times 3 = 3^3$，$3 \times 3 \times 3 \times 3 = 3^4$，以此类推。）

30

根据毕达哥拉斯定理，3 条边之间的这种特殊关系，适用于所有直角三角形。

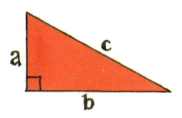

我们不妨将 2 条直角边设为 a 和 b，斜边设为 c，定理（公式）可记为：$a^2 + b^2 = c^2$。

不过，毕达哥拉斯定理并不是毕达哥拉斯最先发现的！在他出生一千多年以前，这条定理已经由于人们的生活需要应运而生，在中国的典籍中也有记载。至于这条定理为何以毕达哥拉斯命名，就不得而知了，或许是因为他给出了一种证明方法吧。不过，毕达哥拉斯定理的证明方法有成百上千种之多呢！

1 我们可以用两种简单易行的方法证明毕达哥拉斯定理，就像拼拼图那样。第一种方法源于印度，已经有一千多年的历史。

先做出 5 块拼图。在纸上任意画出一个直角三角形，将 3 条边分别设为 a、b 和 c。以此为模板剪出 4 个三角形。用尺子测量，以两条直角边相减后的差值作为边长（即 b−a），在纸上画出正方形，剪下后作为第五块拼图。

以直角三角形的斜边作为边长，将 5 块拼图拼成图 1 所示的正方形，面积为 c × c = c^2。然后移动拼图，改成图 2 的形状。你能找出其中一大一小两个正方形吗，即 a×a = a^2 和 b×b = b^2？

利用同样的拼图，既能拼出面积为 c^2 的正方形，也能拼出面积为 a^2+b^2 的图形，由此证明等式的成立：$a^2 + b^2 = c^2$。

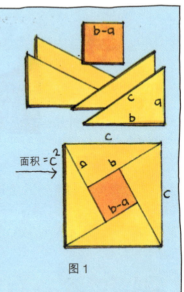

面积 = c^2

图 1

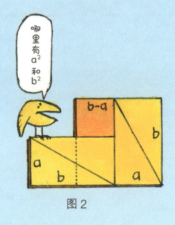

哪里有 a^2 和 b^2

图 2

2 第二种方法需要再次用到 3 条边为 a、b 和 c 的 4 个直角三角形。然后需要另做 3 个正方形，分别为：a×a = a^2，

32

$b \times b = b^2$ 和 $c \times c = c^2$。总计 7 块拼图。在纸上画出一个正方形框架，边长为两条直角边之和（即 $a + b$）。在框架内合理摆放拼图，使之完全填充。

- 第一次选择其中 6 块——4 个直角三角形和 2 个较小的正方形（a^2 和 b^2）。
- 第二次选择其中 5 块——4 个直角三角形和最大的正方形（c^2）。

为什么这样就能证明等式 $a^2 + b^2 = c^2$ 成立？

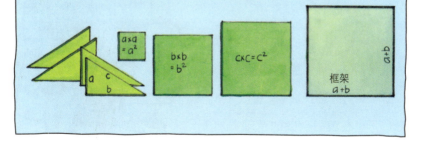

报数游戏

这是一个颇为古老的双人游戏。开始的一方首先报出数字 1 或 2，然后另一方在此基础上加 1 或加 2 报出新的数字，轮流往复，先报出数字 20 的一方获胜。

- 由对方先开始。假设他说了 2。
- 你可以选择在此基础上加 2，报数为 4。
- 对方选择加 1，报数为 5。
- 你也可以加 1，报数为 6。
- 对方选择加 2，报数为 8。
- 在前一个数的基础上加 1 或加 2，双方轮流报数，先报出 20 的一方获胜。

这其中有什么窍门或者取胜的秘诀吗？如果说某些数字是关键数，你知道报出哪一个数字就能稳操胜券吗？

谁先报出 100？

这个游戏的升级版是：谁先报出 100。规则如下：

- 对方先开始，选择 1 到 10 之间任意一个整数，不能超过 10。
- 你可以选择加上任意一个小于 10 的整数，报出一个新的数。
- 对方再加上一个小于 10 的整数，报出一个新的数。
- 你再加上一个小于 10 的整数，报出一个新的数。
- 如此轮流报数，先说出 100 的一方获胜。

这个游戏里，又有哪些数字是关键数？比如，报出哪一个数字之后，无论对方怎么选择，你都能率先报出 100 呢？验证一下你想得对不对。

当然，你也可以自创一个升级版的报数游戏。

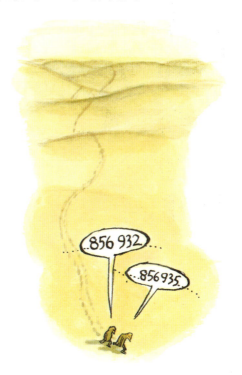

无处不在的对称

这个世界上，有许多东西都是数学家发明的，然而对称并不包含在其中。对称无处不在，只是碰巧被数学家发现，才引起了大家的注意。

我们周围的绝大多数物体都具有对称性，比如飞机、汽车、小猫、小狗、人类、树干、叶片和花朵，等等。就拿苹果来说吧，如果从中间切成两块，会是什么模样？

在数学和物理学领域里，对称是极其重要的概念。数学家虽然不是对称的发明者，却是它的命名者。他们赋予对称的含义是：

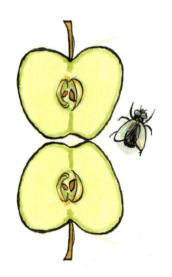

"所谓对称，指物体或图形在旋转、平移、镜面成像等变换条件下其相同部分不变的现象。"

轴对称指的是，某个物体能够平均地一分为二，两部分互为镜像。和绝大多数动物一样，人的身体存在一条对称轴（假想的中轴线，能将物体分成互为镜像的两部分）。轴对称也称作镜面对称或左右对称。

和人类一样，鱼、昆虫、蜘蛛、鸟和哺乳动物都具有轴对称性。

 做一做

将白纸对折，展开后用水彩颜料在其中一半上作画，比如可以画蝴蝶的一只翅膀。折线即对称轴，沿折线再次对折纸张，将水彩颜料压向空白的一半，从而得到完全对称的另一只翅膀。

按顺序写一遍字母表。哪些字母具有对称性？哪些字母不具有对称性？

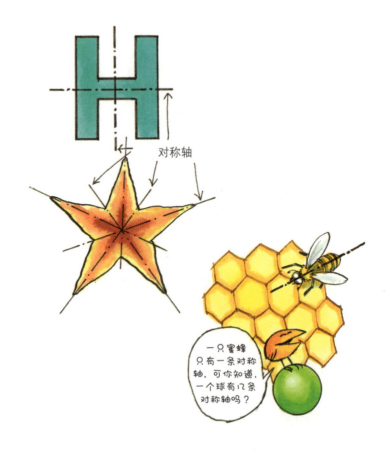

对称轴

一只蜜蜂只有一条对称轴，可你知道，一个球有几条对称轴吗？

　　像大写字母 H 这样，就有 2 条对称轴。

　　我们在生活中还能见到旋转对称的情况。也就是说，将某一物体旋转一定角度后（不超过一整圈），与初始状态能够完全重合。

　　一个很好的例子是五角海星，它既有轴对称性，又有旋转对称性。它有 5 条对称轴，围绕中心点，无论以顺时针还是逆时针的方向旋转 1/5 圈，都会和原来一模一样。

下面的图案同样具有对称性。你可以将板块平行移动，沿对称轴镜面成像，或是围绕定点旋转，得到的图案都会和原始图案重合。

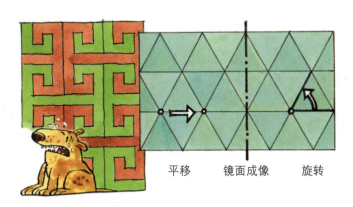

平移　　　镜面成像　　　旋转

和好朋友一起，寻找生活中的对称吧，屋里屋外都要仔细看哦！你都发现了哪些对称的物体和图形呢？有时候，旋转对称可是相当有迷惑性的。带上纸和笔，把对称的物体和图形画下来，别忘了标出对称轴！

花儿都有5条对称轴吗？

39

实用的分形

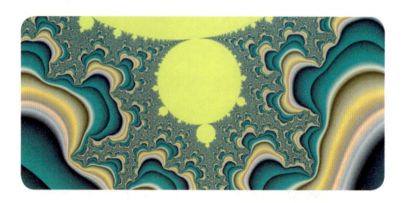

被称为"曼德博集合"的分形图案,完全由电脑通过数学公式的不断重复进行绘制。
图片:斯坦·扬辛

  树木、云朵、山峦、闪电、珊瑚、星星……对于大自然鬼斧神工的作品,我们该如何描述和定义它们的形状呢?

  一种常见的方式是借助线、环、角这类词汇。比如我们将沙滩和大海的交界处称为海岸线,将湖泊周围的公路称为环湖公路,将冰斗围成的尖锐山峰称为角峰。

  圆弧、矩形、三角形、正方体都是人们沿用了数千年的概念,不仅频繁出现于建造房屋、修筑桥梁等实际生活场景,还应用于大自然的表述。

  围绕这些图形展开的研究,数学家统一称之为几何。

  远距离观察下页图中的那棵树,用卵形(或者椭圆形)来形容很贴切。不过如果近距离观察——近到看清每根树枝和每片树叶，刚才的形容就不够准确了。自然万物的轮廓，很多都是凹凸不平或零散破碎的，显然不能用几何学的直线或圆弧来概括。

数学家将粗糙或零碎的几何形状称为分形。分形一词来源于拉丁语"fractus"，原意是"破碎"。

因此，分形最典型的特征即为零碎。此外，在细分成若干部分后，你会发现每一部分都是整体形状的重复。这一特点被称为自相似性。分形体现出的是另一种形式的对称：细分的部分在放大后与整体相似或重合。比如菜花，每一朵细小的菜花都是整棵菜花的微缩版！

分形图案的绘制可以由电脑完成，比如前面的曼德博集合（以数学家本华·曼德博的名字命名，他于 1980 年发现分形现象）。电脑通过不断重复数学公式生成图像，你也可以试着自己绘制。

分形的绘制

想象、游戏和灵感，以及偶尔闪现的疯狂念头，这就是数学。

100 多年前，德国数学家格奥尔格·康托尔对一条线段上不连续的点产生了兴趣，他的研究在当时看来十分不可思议。然而他定义的康托尔集，却为数学领域的分形理论奠定了基础。

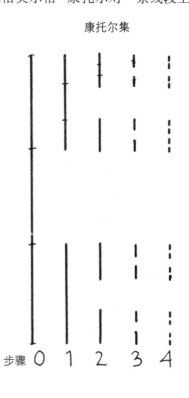

康托尔集

康托尔的设想如图所示：取一条线段，将其三等分，然后去掉中间一段，留下头尾两段。接着将剩下的两段分别三等分，各去掉中间一段。

步骤 2 完成后，原本的线段只剩下较短的 4

步骤 0 1 2 3 4

段。继续对这 4 段进行三等分，并且分别去掉中间一段（此为步骤 3）。这样的操作可以无限继续下去。

如果你足够有耐心，不妨拿出纸笔和尺子量一量、画一画。步骤 4、步骤 5、步骤 6 完成后，各剩下多少线段？

康托尔认为，原本的线段能够切分成无穷多的点，这些点的集合具有自相似性，因此是一个分形系统。

20 世纪初，研究分形理论的另一位著名人物是瑞典数学家海里格·冯·科赫。他的成果被命名为科赫曲线。

我们先画一条端点为 S 和 V 的线段，然后将其三等分。在正中画出一个正三角形（3 条边等长的三角形）后，去掉中间一段（即正三角形的底边），呈现出由 4 条等长的线段构成的图形。

我们分别对这 4 条线段重复刚才的步骤。即：

- 将每条线段三等分
- 在正中画出一个正三角形
- 去掉中间一段

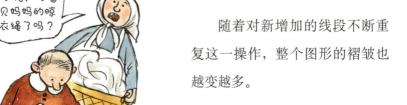

随着对新增加的线段不断重复这一操作，整个图形的褶皱也越变越多。

科赫认为，整条线段可以无限三等分下去，成为一条在任意一点都不平滑的无穷曲线——一个典型的分形图形。作为数学模型，科赫曲线不仅能够很好地模拟出海岸线形态（比如从瑞典的瑟德港到瓦尔德马什维克），还可以表示山峦和珊瑚的轮廓。

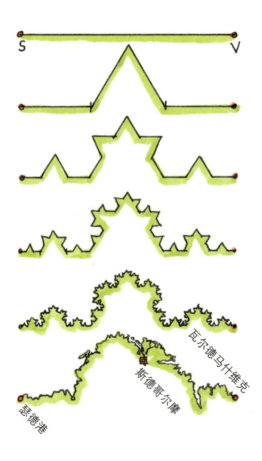

越精细，越绵长

从瑟德港到瓦尔德马什维克的海岸线究竟有多长？

测量长度的一种方法是用地图作参照物。选取一段绳子，贴合瑟德港到瓦尔德马什维克的海岸线摆放，然后测量绳长。根据地图的比例尺可以计算出实际的海岸线长度。

另一种方法是用折尺沿海岸线实地测量。（谁这么倒霉，想出这么费劲的办法！）除了每一处岬角和海湾，就连沙滩边的凹凸起伏都要精准地计入其中。这样一来，测出的海岸线长度要比根据地图估测的数据大多了。

45

　　假如让一只蚂蚁来测量，地上的每一颗沙砾、每一个坑洞都会影响结果。海岸线恐怕会长到不可思议。

　　由此可见，测量工具和标准对数据大小起决定作用。随着操作越来越精细，海岸线的长度似乎可以无边无际地延展下去。

　　这样，借助数学模型进行计算就显得尤为重要了，比如科赫曲线。

你需要准备纸、笔和尺子。

首先画出一个正三角形，边长设为9厘米。

步骤1：将三角形的每条边三等分。在正中各加出一个正三角形，然后分别去掉中间一段。

步骤2：重复以上操作。即：将每条边三等分，在正中加出一个正三角形，然后去掉中间一段。

步骤3：继续重复以上操作。

……

这就是绘制科赫曲线的基本步骤。你觉得这个分形图形像什么？

步骤1完成后，得到的图形共有几条边？步骤2和步骤3完成后，新得到的图形分别有几条边？步骤10完成后，又有几条边？步骤n之后呢（n可以代表任意一个数字）？列出图表，用计算器进行计算。

小提示：你可以先翻到第56页，玩一玩读心术的游戏，熟悉一下n在演算中的运用。

假设正三角形的初始边长为9厘米。步骤1完成后，所得图形的周长为多少？

统计数量：从手指到数字

我们的祖先跋涉迁徙，以狩猎为生，距今已有 100 多万年的历史。

早在石器时代，统计数量就已经成为一项重要的技能。比如统计燧石斧和鹿皮的数量时，是一件、两件、三件，还是更多？人们只好掰着手指头，一个一个算。

渐渐地，数字的概念应运而生。

后来人们在兽骨或木块上刻下划痕。由于最初人们都是用双手的手指数数，刻痕就总是以 5 道或 10 道一组的形式出现。

考古学家曾在捷克挖掘出一根约有 3 万年历史的狼骨。上面共有 55 道刻痕，分为两排，一排 25 道，另一排 30 道，每排都是 5 道刻痕为一组。

在门球等许多球类运动中，你肯定也用过类似方法统计比分。

当人类开始进行物品交易和买卖后，就更需要统计清楚数量了。假如有人购买了 100 张兽皮，一道一道地

做一做

扔骰子游戏。你和好朋友可以比一比，双方各有 50 次机会，看谁扔中 6 点的次数最多。画一张表格，利用类似于在狼骨上记数的方法进行统计。

姓名	扔骰子的次数	扔中 6 点的次数
	~~卌 卌 卌 卌卌~~ 卌 卌 ‖	‖
	~~卌 卌 卌 卌 卌 卌 卌~~ ‖	~~卌 卌 卌~~ ‖‖‖

每扔一次骰子就划一道杠，每扔中一次 6 点也划一道杠。竖着划 4 道杠后，再斜着划一道，5 道杠为一组。数数看，你扔中了几次 6 点？你的好朋友扔中了几次？

刻上划痕就显得费时费力。人们发明了新的书写符号，即用数字表示数量。

不同的民族使用不同的数字符号。但不难看出，这些符号都与手指和脚趾的个数有一定关系。

生活在危地马拉原始森林里的玛雅人有一种独特的记数方

法。大约 2000 年前，他们就开始用 20 种不同的符号代表从 1 到 20 的数字，这些符号都由点和线组成。

玛雅人用一条横线代表一只手，相当于 5；两条横线代表两只手，相当于 10；三条横线代表两只手和一只脚，相当于 15。数字 20 则由一个点加上代表数字 0 的贝形符号组成，形似一艘太阳船，让人联想到玛雅文化对太阳神的崇拜。

在底格里斯河和幼发拉底河流域（两河流域）的波斯湾附近，出现了世界上最早的城市。我们常说，这里是"人类文明的摇篮"。运输和贸易、科学和艺术、政治和战争、富裕和贫穷……如今我们习以为常的一切，都在 5000 多年前发源于此。

生活在两河流域古巴比伦地区的人称为古巴比伦人。他们通过一种符号的累加表示从 1 到 9 的数字，然后用另一种符号表示数字 10。利用这两种符号的变换组合，古巴比伦人能够一直数到 60。我们至今仍沿用这种六十进制的记数法记录时间：60 秒相当于 1 分钟，60 分钟相当于 1 小时。

古巴比伦人使用削尖的芦苇杆或木棒在泥板上写字。这种文字线条笔直，形同楔（xiē）子，因此被称为楔形文字，最早由苏美尔人发明。

楔形文字

代表数字 60 和代表数字 1 的是同样的符号。

同理，代表 $60 \times 60 = 3600$，$60 \times 60 \times 60 = 216000$ 等这些数字的，也都是同样的符号——一个类似楔子剖面的倒三角 。

古巴比伦人如何确定一个楔形符号代表的数值呢？这要从整体来看。楔形符号摆放的顺序和所在位置决定了它代表的数值[①]。就像这样：

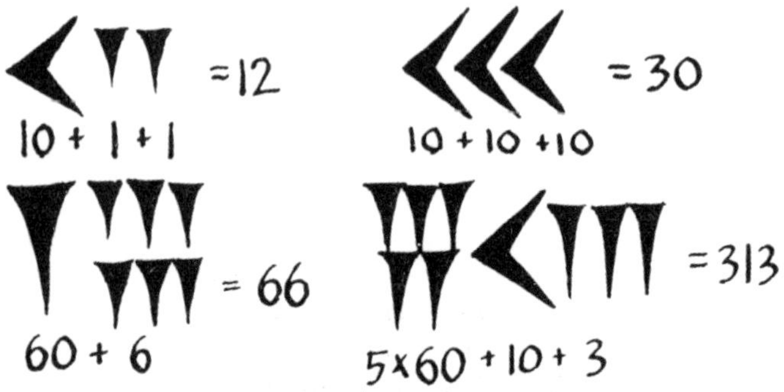

以表示 66 的楔形文字为例，左边的楔子代表数字 60，右边的楔子代表数字 1。

以数字 313 为例，比较一下楔形文字的写法（如上图所示）和现代通用的写法。

在我们惯用的写法 313 中，数字 3 出现了两次。最左边的 3 代表数值 300，而最右边的 3 代表数值 3。所以，数字的位置不同，代表的数值也不同。这种记数方式就称为位值记数法。

---

①古巴比伦人使用的六十进制记数法没有对应"0"的符号，记数比较混乱。

用楔形文字书写数字。比如：25，43，92，133 和 3652。

　　我们现在使用的数字又来自哪里？我们平常说的阿拉伯数字其实源于印度，只不过随着时间的推移，数字的形态发生了巨大的改变。

印度数字

　　阿拉伯数字由 10 个记数符号组成，每个符号的形态都不一样。随着数字写法的简化，读错数字的风险也大幅降低。（古巴比伦人肯定经常读错数字！）自从数字零有了自己的符号，计算也变得容易多了。

　　不过，阿拉伯数字直到 15 世纪才传入欧洲。在此之前，欧洲人使用的是罗马数字——其实就是字母。

从虚空到数字

印度人把零写作"sunja"，意为"空的"。阿拉伯人将"sunja"转变为"as-sifr"（作为数字），后来演变成了"数字"一词。

I = 1，V = 5，X = 10，L = 50，C = 100，D = 500，M = 1000

这些"数字"（确切地说是字母）经过组合排序，从而变成其他数字。比如数字 7 写作 VII，数字 308 写作 CCCVIII。基本规则有两条：

● 小数字在大数字的右边，表示的数等同于两数相加的和。比如 8 写作 VIII，65 写作 LXV。
● 小数字在大数字的左边，表示的数等同于两数相减的差。比如 4 写作 IV，而不是 IIII；14 写作 XIV。

这种记数方法不仅写起来笨拙，计算起来更是困难重重。不信的话，用罗马数字写一个乘法算式就知道啦！

试着将以下数字写成罗马数字：24，89，136 和 773。用罗马数字写下你的年龄和出生年份。

学学读心术

数学家喜欢玩数字游戏。掌握了这个游戏的诀窍，保证让大家对你刮目相看！

请你的好朋友想一个数字，然后默记在心里，不要告诉别人。

然后让他将这个数乘 5，所得结果仍然保密。

将这一结果加上 6，再乘 4，减去 4，最后乘 5。

现在，你可以让好朋友公布最终结果了。只需要短短几秒，你就能从这一结果中推断出他最初想的数字。

就像这样：

假设你的好朋友选择了 13 这个数。

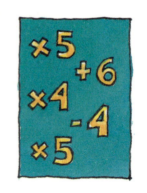

他将 13 乘 5：13 × 5 = 65

然后加上 6：65 + 6 = 71

再乘 4：71 × 4 = 284

再减 4：284 – 4 = 280

最后乘 5：280 × 5 = 1400

在他公布最终结果为 1400 后，你需要迅速完成默算：去掉末尾的两个零（也就是将结果除以100），再减去1。你可以肯定地说，他最初想的数是13。

只要掌握了这一规律，无论好朋友假设的数是什么，你都能准确无误地说出答案。

现在轮到验证真实性的时刻了。请这位"不明真相"的好朋友在1到20之间选择一个数（这样计算起来不至于太复杂），然后开始游戏吧！希望你的读心术大显神通！

数学解释

我们可以从数学角度揭开读心术的秘密。将好朋友所选的数设为n，计算过程可写作：

- n（所选的数）
- 乘5：$5 \times n = 5n$
- 加上6：$5n + 6$
- 乘4：$4 \times (5n + 6) = 20n + 24$
- 减去4：$20n + 24 - 4 = 20n + 20$
- 乘5：$5 \times (20n + 20) = 100n + 100$

$100n + 100$ 就是对方公布的最终结果，也可以写成 $100 \times (n + 1)$。你只需要将它除以100，即：

$$\frac{100 \times (n+1)}{100} = n+1$$

再减去1，就能得到最初的数n。

埃拉托斯特尼筛法

末尾省略号的意思是，这个数列是无穷无尽的。

1, 2, 3, 4, 5, 6, 7, 8, 9, 10, 11, 12, 13 ……

数 列

作为人类最伟大的发明之一，数具有很多性质，比如：

- 偶数总是间隔出现：2，4，6，8，10，12，14……
- 奇数也是间隔出现：1，3，5，7，9，11，13，15……
- 任何数乘 2，得到的总是偶数。

数学家对数的性质很感兴趣。为了摸索其中的规律，他们从较小的数开始研究，然后试着将模式套用在较大的数上。

其中一些数具有特殊的性质。

比如 2，3，5，7，11，13……这些数被称为质数。除了 1 和它本身外，质数不能被其他数整除（即不再有其他因数）。

质数无法切分！

58

以 6 这个数为例，它是质数吗？不是，因为 6 = 2 × 3，说明它能被其他两个数整除。

但 5 就是一个质数。除了 1 和它本身外，5 不能被其他数整除。我们只能写作：5 = 1 × 5。

早在 2000 多年前，人们就知道质数的个数是无穷的，并不容易找出来。

找出质数

埃拉托斯特尼出生于公元前 200 多年的古希腊城市昔兰尼。他在亚历山大港的知名图书馆里担任图书馆员。他聪明博学，精通地理学、数学、哲学和多种语言。

他提出一种找出质数的算法，这种算法因此被命名为埃拉托斯特尼筛法。

做一做

1 ● 按顺序列出从 2 到 100 的数。比如将 2 ~ 20 写在第一行，21 ~ 40 写在第二行，以此类推。

2 ● 首先圈出最小的质数 2，然后划去所有偶数，即能被 2 整除的数。

Etc ● 在剩下的数里，圈出最小的 3。然后划去所有能被 3 整除的数。

● 照此规律继续下去。圈出剩下数里最小的 5，然后划去所有能被 5 整除的数。

● 最后圈出数字 7。然后划去所有能被 7 整除的数。

● 将剩下的数依次圈出。这些就是小于 100 的所有质数。数数看有多少个？

这是一定范围内，我们用来找出质数的最简易模式。

做一做

有些质数对被称为孪生质数，比如 11 和 13，29 和 31，59 和 61。它们既是两个相邻的奇数，也是两个质数。

还存在更多 100 以内的孪生质数吗？

你可以自己试着找出大于 100 的质数。依次划去 101 ~ 200 中 2，3，5，7，11 和 13 的倍数（即能被它们整除的数）。可以使用计算器帮助演算，最后圈出所有的质数。

你会发现，随着数值的增大，质数出现的概率越来越低。

最大质数

170141183460469231731687303715884105727

这个 39 位的数，是计算机问世之前，人们知道的最大质数。数学家一直在研发新的电脑程序，希望找到更大的质数。

目前人类已知的最大质数有 24862048 位。如果一五一十地列出来，这本书要多出几百页呢！

用正方形拼拼图

这种拼图可不常见，它的每块拼板都是一样大的正方形。你需要用它们拼出一个矩形——简单地连成一行可不行，至少要拼出2行、3行，甚至更多行。

让我们试试看，拼出一个矩形需要几块正方形。

先从5块的拼起。它们能正好拼出一个矩形吗？不行。无论怎么拼都多出一块。（5块正方形连成一行不算。）

所以，用某些数量的正方形拼板，是无法拼出矩形的。

5块没法拼

现在用6块拼板试试。能拼出一个矩形吗？当然可以。将它们摆成 2 行，就能拼出一个 2 × 3 的矩形。

这种情况下，2 × 3 的矩形等同于 3 × 2 的矩形。

所以，用某些数量的正方形拼板，是可以正好拼出矩形的。

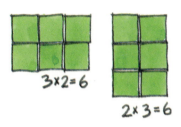

一样的矩形！

如果用 9 块拼板，能正好拼出一个矩形吗？只要摆成 3 行，就可以拼出一个 3 × 3 的矩形。（确切地说，是一个大正方形。不过这也算，因为正方形是一种特殊的矩形。）

如果是 12 块拼板呢？

那就有意思了，因为可以拼出两种矩形。

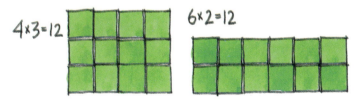

那么问题来了，用多少块正方形的拼板，能且只能拼出一种矩形？

做一做

和几个朋友合作。需要准备纸、笔和尺子，用硬纸板裁剪出 50 块同样大小的正方形。

- 假设你们最多有 50 块正方形拼板。
- 将拼板摆成 2 行、3 行或更多行，拼成一个矩形。
- 试一试能不能拼成功。先从 1 块拼板开始，然后 2 块、3 块、4 块……
- 根据拼板数量的由少到多列出一张表格，一直列到 50 块。

$$1 = 1 \times 1$$
$$2 = 1 \times 2$$
$$3 = 1 \times 3$$
$$4 = 2 \times 2$$
$$5 = 1 \times 5$$
$$6 = 2 \times 3$$
$$7 = 1 \times 7$$

$$8 = 2 \times 4$$
$$9 = 3 \times 3$$
$$10 = 2 \times 5$$
$$11 = 1 \times 11$$
$$12 = 2 \times 6 = 3 \times 4$$
$$13 = 1 \times 13$$
$$\cdots\cdots$$

64

● 哪些情况下根本无法拼出矩形？将这些拼板数量统一标为一种颜色。想一想，这些数有什么特点？

● 哪些情况下只能拼出一种矩形？（2×3 的矩形等同于 3×2 的矩形；2×4 的矩形等同于 4×2 的矩形，以此类推。）将这些拼板数量统一标为另一种颜色。想一想，这些数有什么特点？

● 哪些情况下能拼出不止一种矩形？

● 用 $2 \times 3 \times 5 \times 7 = 210$ 块拼板，可以拼出多少种矩形？

● 用 $2 \times 2 \times 2 \times 2 \times 2 \times 2 \times 2 \times 2 \times 2 \times 2 = 2^{10} = 1024$ 块拼板，可以拼出多少种矩形？用 $2^{11} = 2048$ 块拼板呢？

总有比这简单的方法吧!

哥德巴赫猜想

18 世纪，一位名叫哥德巴赫的数学家提出，任何大于 2 的偶数都可以写成两个质数之和。比如：

4 = 2 + 2

12 = 5 + 7

18 = 7 + 11

30 = 13 + 17

76 = 29 + 47

谁都无法证实，也无法证伪，于是这一陈述变成一个猜想：哥德巴赫猜想。

如今，数学家通过计算机的验算可以不断求证下去，已经验算到的偶数达到了 4000 亿位。

列出从 4 到 100 的所有偶数，依照示例，将每个偶数拆分成两个质数之和。

$$4 = 2+2 \qquad 18 = 5+13$$
$$6 = 3+3 \qquad 20 = 3+17$$
$$8 = 3+5 \qquad 22 = 3+19$$
$$10 = 3+7 \qquad 24 = 5+19$$
$$12 = 5+7 \qquad \vdots$$
$$14 = 3+11$$
$$16 = 3+13 \qquad 100 = 3+97$$

到底有什么规律……难不成要拆分质数才行……

我们可以把质数 2 标成红色，质数 3 标成蓝色，看看有什么收获。

你会发现，一个偶数拆分成两个质数时，可以有不止一种组合，比如：

$$14 = 3 + 11，同时 14 = 7 + 7；$$
$$24 = 5 + 19，同时 24 = 7 + 17 = 11 + 13。$$

以偶数 14 为例，它可以拆成其数值范围内的最小质数 3 和最大质数 11，也可以拆成两个相同的质数 7。

既然拆分质数存在多种可能，你也可以用两种方式完成列表。

- 写出你最容易或最先想到的质数组合。
- 写出一个小质数和一个大质数的组合。

这些质数组合似乎并没有既定模式。以质数 3 为例，作为最小质数出现时，它经常连续出现两次，偶尔也有三次，或者只出现一次。毫无规律可循——至少目前为止，数学家还没有找到。你有什么发现吗？

"数学王子"高斯

1 ~ 100 的整数相加，总和是多少？也就是：

$$1+2+3+4+5+6+7+8+9+10+11+\cdots\cdots+97+98+99+100=?$$

大约 200 年前，德国的一位小学老师向学生们提出了这个问题。当时，只有老师自己知道简便快捷的求和方法，学生们对此一无所知。

看着冥思苦想的学生，老师满心以为大家会着实为难好一阵子。没想到，僵局很快被打破了。班里最年幼的学生卡尔·弗里德里希·高斯大步走上前去，将手里的小石板（18 世纪时，欧洲学校里使用的还是板岩做成的书写板）递给老师。

小石板上赫然写着正确答案。

年仅 9 岁的高斯已经知道，其实并不需要通过一个数一个数的累加来求和。他凭借自己的聪明才智，找到了一种便捷的求和方式。

高斯是怎么算的呢?

我们先从简单的算起: 1 ～ 10 的整数相加, 总和等于多少?

将这 10 个数进行配对: 第一个数和最后一个数相加, 第二个数和倒数第二个数相加, 以此类推。

$$1 + 10 = 11$$
$$2 + 9 = 11$$
$$3 + 8 = 11$$
$$4 + 7 = 11$$
$$5 + 6 = 11$$

于是, 这 10 个数相加的总和为:

$$1 + 2 + 3 + 4 + 5 + 6 + 7 + 8 + 9 + 10 = 5 \times 11 = 55$$

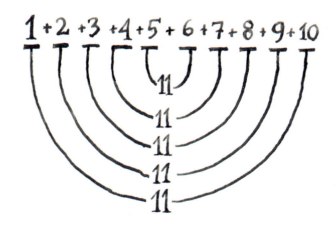

用同样的方法，我们还可以算出 1 ～ 12 的整数相加之和。

对这 12 个数进行配对：第一个数和最后一个数相加，第二个数和倒数第二个数相加，以此类推。

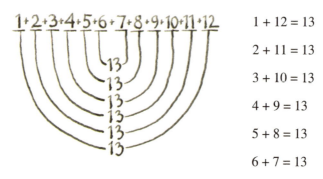

$1 + 12 = 13$

$2 + 11 = 13$

$3 + 10 = 13$

$4 + 9 = 13$

$5 + 8 = 13$

$6 + 7 = 13$

于是，1 ～ 12 的整数相加的总和为：

$$1 + 2 + 3 + 4 + 5 + 6 + 7 + 8 + 9 + 10 + 11 + 12 = 6 \times 13 = 78$$

我们可以将这种方法推广到其他数列的求和运算上，比如计算出 1 ～ 16 的整数之和。写下数列，然后进行配对：第一个数和最后一个数相加，第二个数和倒数第二个数相加，以此类推。（总和为 136。）

不过，数列太长的时候，如此配对计算还是有些麻烦。高斯总结出了一个求和公式。

我们计算 1 ～ 10 的整数之和时，得出 $5 \times 11 = 55$。11 表示首尾两项相加的总和（1 + 10），5 表示项数的一半，即 10 除以 2。求和公式为：

$$\frac{10}{2} \times (1+10) = \frac{10 \times (1+10)}{2} = \frac{10 \times 11}{2} = 5 \times 11 = 55$$

同理，我们在计算 1 ～ 12 的整数之和时，得出 6 × 13 = 78。求和公式可以写作：

$$\frac{12}{2} \times (1+12) = \frac{12 \times (1+12)}{2} = \frac{12 \times 13}{2} = 6 \times 13 = 78$$

13 表示数列首尾两项相加的总和（1 + 12），6 表示项数的一半，即 12 除以 2。

那么，1 ～ 17 的整数相加，总和等于多少呢？我们可以直接套用求和公式。数列的项数为 17，首尾两项之和即为（1 + 17）：

$$\frac{17}{2} \times (1+17) = \frac{17 \times (1+17)}{2} = \frac{17 \times 18}{2} = 17 \times 9 = 153$$

卡尔·弗里德里希·高斯

图片：瑞典皇家图书馆

$$1+2+3+4+5+6+7+8+9+10+11+\cdots\cdots+97+98+99+100$$

在计算 1 ～ 100 的整数求和的题目时，高斯就使用了求和公式。他将第一个和最后一个数相加（1 + 100），然后与项数 100 的一半相乘，像这样：

$$\frac{100}{2}\times(1+100)=\frac{100\times(1+100)}{2}=\frac{100\times101}{2}=50\times101=5050$$

他写在小石板上的答案正是 5050。

卡尔·弗里德里希·高斯，1777 年出生于德国的布伦瑞克。高斯的爸爸是一名石匠，很希望儿子能够继承父业。但布伦瑞克公爵得知了高斯在数学方面过人的天赋，决定资助这个男孩，让他进入哥廷根大学继续深造。

高斯是当之无愧的天才。他解决了数学领域中的许多难题，被公认为历史上最伟大的数学家之一，也因此得到"数学王子"的美誉。

运用求和公式，计算出以下数列的总和：
- 1～20 的整数
- 1～50 的整数
- 1～209 的整数

螺旋和兔子

在自然界，你能发现各种各样的几何图形。螺旋就是其中之一，它无处不在——贝壳、鹿角、松塔、菠萝皮、向日葵、菜花。蟀（kuí）蛇在攻击猎物前，会将身体盘成螺旋形。为了保暖，蟀蛇睡觉时也会采取这一姿势。

存在于广袤宇宙的螺旋星系，就是无数颗恒星汇聚在一起的庞大螺旋结构。

涡状星系（M51）。图片：美国利克天文台

数螺旋线

让我们从松塔表面的螺旋线开始。如左图所示，将所有顺时针方向的螺旋线标为黄色，所有逆时针方向的螺旋线标为红色。数一数，顺时针方向的螺旋线有几条（8条），逆时针方向的螺旋线有几条（13条）。

在著名的斐波那契数列里，8 和 13 是相邻的两个数。

0　1　1　2　3　5　8　13　21　34　55　89 ······

　　这样的结果是不是很奇妙？虽然第一眼看上去混乱纷杂，可大自然早已暗含了特定的模式和规律。

　　难怪古代的人们都认为，上帝就是最伟大的数学家呢！

做一做

　　数一数，向日葵有几条螺旋线？将上一页的图片复印下来，用一种颜色标出所有顺时针方向的螺旋线，另一种颜色标出所有逆时针方向的螺旋线。它们各有几条？

　　答案依然是斐波那契数列里相邻的两个数。

　　在树林里收集松塔（云杉的果实也可以），数一数它们都有几条螺旋线。或者用一只菠萝做实验，分别以顺时针和逆时针方向数一数它表皮上的螺旋线。

　　你要找的答案，其实都藏在斐波那契数列里。

77

　　斐波那契数列的定义者列昂纳多·斐波那契是一位生活在 13 世纪的意大利数学家。斐波那契的意思是"波那契之子"（波那契是他父亲的绰号），他也被称为"比萨的列昂纳多"。由于父亲工作的原因，斐波那契成长于北非，并因此接触到阿拉伯数字。他认为，阿拉伯数字使用起来比罗马数字更简便有效。

　　斐波那契在他的著作《计算之书》中，试着向意大利人阐述阿拉伯数字与罗马数字相比的优越性。商人和银行家却感到恐惧和抵触，认为阿拉伯数字会造成混淆和谬误：在一个数后面随随便便加上几个零，客户就可以从银行取走几百倍、几千倍的财产，太可怕了。

因此直到两百年后，欧洲人才开始使用阿拉伯数字。它们经过不断地发展和完善，才成为今天我们使用的记数符号。

斐波那契在自己的书中提到，斐波那契数列的产生，源于一个关于兔子的问题。

兔子拥有旺盛的繁殖能力。斐波那契很好奇，一对兔子一年中能繁殖多少只小兔子。他假设 1 月饲养了一公一母两只兔子；2 月时，这对兔子生出一对小兔子，也是一公一母；3 月时，它们生出第二对小兔子，还是一公一母。

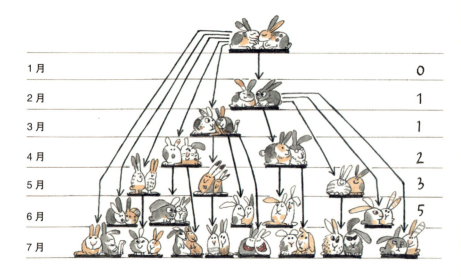

月	
1 月	0
2 月	1
3 月	1
4 月	2
5 月	3
6 月	5
7 月	

到了 4 月，这对兔子继续生出第三对小兔子，依然是一公一母。同时，2 月出生的那对小兔子已经具有繁殖能力（兔子在出生两个月后具有繁殖能力），因此也生出一对小兔子，也是一公一母。

就这样，他一个月一个月地统计下去。

可是斐波那契数列

0　1　1　2　3　5　8　13　21　34　55　89 ……

究竟是如何得到的呢？

0 代表 1 月出生兔子的对数。1 月没有兔子出生。

1 代表 2 月出生兔子的对数。2 月有 1 对兔子出生。

紧接着的 1 代表 3 月出生兔子的对数。3 月也只有 1 对兔子出生。

2代表4月出生兔子的对数。4月有2对兔子出生。

3代表5月出生兔子的对数。5月有3对兔子出生。（因为3月出生的那对小兔子也已经长大，能够生出小兔子了。你想到了吗？）

5代表6月出生兔子的对数。6月有5对兔子出生：开始的那对兔子生了一对小兔子，2月、3月、4月出生的4对小兔子又各自生了小兔子（1＋4＝5）。

之后，兔子出生的对数迅速增加。比如9月有21对兔子出生，10月有34对兔子出生。

斐波那契数列中的任何一个数，都是前面相邻两个数的和。

做一做

斐波那契数列里，89是前面相邻两个数的和：34＋55＝89。

那么在斐波那契数列里，89的下一个数是什么？再下一个呢？再下一个呢？

斐波那契数列是无穷无尽的，你可以一直写下去。

如何用 20 天成为百万富翁

你可以主动提出，在接下来的几星期内包揽洗碗的任务（或者扫地、扔垃圾这种大人们都不乐意做的家务）。作为报酬，第一天你只拿 1 元钱，以后每天获得的金额都是前一天的两倍。

估计你的父母会说：天哪！这我们可付不起！

如果照这样下去，第 14 天你能获得多少报酬？这 14 天里，你总共赚了多少？

到第 21 天，你又能获得多少报酬？这 21 天里，你总共赚了多少？

天数	当日金额（元）	总金额（元）
1	1	1
2	2×1 = 2	1+2 = 3
3	2×2 = 4	3+4 = 7
4	2×4 = 8	7+8 = 15
5	2×8 = 16	15+16 = 31
6	2×16 = 32	31+32 = 63

列一张表格。在第一栏里写上天数，第二栏里写上当天获得的报酬金额，第三栏里写上到当天为止总共获得的报酬金额。

继续往下算，你很快就知道，第 14 天和第 21 天能获得多少报酬了。

这就是指数增长的一个例子。指数增长意味着快速增长。这个例子里，快速增长的就是你获得的报酬。不过，照这样的支付协议，你大概做不了几天就会被解雇了。（斐波那契数列是指数增长的另一个例子。）

洛书和九宫格

这是一个神奇的正方形。试着将每一行、每一列和每一条对角线上的数字分别相加。

你发现它的神奇之处了吗？

这种神奇的正方形会被分成一定数量的小方格，上图中就有 $4 \times 4 = 16$ 个方格，每个方格内有一个 1 ～ 16 各不相等的整数。正方形内每一行、每一列和每条对角线上的数字之和相等。在算出 34 这个结果时，你肯定也发现了。

当正方形被分为 16 个方格，每一行和每一列各有 4 个方格时，这样的正方形又被称为十六宫格。16 个方格里需要不重复地填上 1 ~ 16 的整数。

正方形还可以分为 3×3 = 9 个方格（九宫格），5×5 = 25 个方格（二十五宫格），6×6 = 36 个方格（三十六宫格），等等。

这是另一个十六宫格。

每一行、每一列、每条对角线的数字之和还是 34 吗？

动手做一个九宫格。

- 用一张白纸，剪出 9 个一样大小的正方形。
- 在正方形内分别写上数字 1 到 9。
- 将正方形排列成 3×3 的九宫格形式。确保每一行、每一列或每条对角线上的 3 个数相加，结果完全相等。
- 记下数字的排列顺序和 3 个数相加之和。想一想，为什么会得出这个结果？

你还可以做一个十六宫格。

- 用一张白纸，剪出 16 个一样大小的正方形。
- 在正方形内分别写上数字 1 到 16。
- 将正方形排列成 4×4 的十六宫格形式。避免和上一页的图示重复。使每一列、每一行或每条对角线上的 4 个数相加，结果仍是 34。想一想，为什么会得出这个结果？

许多数学问题都源自游戏、想象和神话传说——就像神奇的九宫图。传说在 3000 多年前的中国，洛河中浮出神龟，龟

背上有九宫格的图案。大禹依此治水成功，并将该图案命名为"洛书"。

由于相信正方形能带来好运，中国古代的许多城市都规划成四四方方的造型。直至今天，还有很多人佩戴方形的玉坠以抵御疾病。

有多少种组合方式？

　　和其他人一样，数学家也爱吃冰淇淋。上图中谁是数学家呢？看，就是排在队伍最前面的那个人。她显然在思考什么问题。

　　她在计算，挑出两种口味组成双球冰淇淋，可以有多少种选择？已知冰淇淋店总共有 15 种口味。

　　当数学家提出"有多少种组合方式"这样的问题时，就涉及所谓的组合数学。

　　让我们从最简单的问题开始。假设冰淇淋店只有 3 种口味可供选择，分别是坚果、草莓和巧克力。

从这 3 种口味中挑出 2 种，组成双球冰淇淋，会有多少种选择？我们只需要将所有组合方式画出来就可以啦。

一共可以组成 6 种不同的双球冰淇淋，也就是说，共有 6 种组合方式。由于冰淇淋店提供 3 种口味，因此第一个球有 3 种选择；之后只剩 2 种口味（口味不应与之前的重复），因此第二个球有 2 种选择。

可是，两种口味的顺序会对结果产生影响吗？比如，第一个球坚果口味、第二个球草莓口味，和第一个球草莓口味、第二个球坚果口味算是同一种冰淇淋吗？如果你认为算的话，那么同一种冰淇淋各出现了两次，所以结果应该除以 2，即只有 3 种组合方式：

$$\frac{3\times2}{2}=\frac{6}{2}=3。$$

蓝莓味的选够了，下面的球选梨子味的试试吧。

假设冰淇淋店有 6 种口味可供选择：蓝莓、梨子、橘子、焦糖、葡萄干和甘草。你仍须挑出两种口味组成双球冰淇淋。

● 一共有多少种组合的可能？比如，第一个球蓝莓味、第二个球梨子味，和第一个球梨子味、第二个球蓝莓味算是同一种冰淇淋吗？试着将所有的组合方式画出来。

● 假设冰淇淋店有 15 种口味，又会有多少种组合方式？

● 假设双球冰淇淋可以选两种相同的口味（比如巧克力味加巧克力味），有 3 种口味可供选择的情况下，存在多少种组合方式？6 种口味呢？15 种口味呢？

爆炸式增长

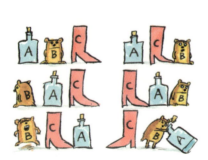

假设你有 3 样东西，一共有多少种排列方式？

答案：A 可以放在 3 个不同的位置；轮到 B 的时候，就只剩下 2 个位置可

90

以选；再轮到 C，就只剩 1 个位置了。因此一共有 $3 \times 2 \times 1 = 6$ 种排列方式。

做一做

在纸上画 4 个不同的图形，依次剪下来。为每个图形标上不同的字母。这些图形有多少种排列方式？用一张表，列出所有的排列组合。

如果有 5 个图形，排列方式又有多少种？6 个图形呢？7 个、8 个、9 个、10 个呢？使用计算器进行计算。

你肯定发现了，随着摆放的东西样数增多，计算出的结果呈现爆炸式增长。3 样或 4 样东西的排列方式还能罗列出来，但到了 5 样东西，就有多达 120 种排列方式，要把所有的排列组合一一写下来可就太费劲了。

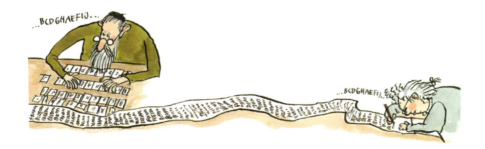

欧拉公式

　　莱昂哈德·欧拉是 18 世纪的一位数学家。他出生于瑞士的巴塞尔，13 岁时就进入巴塞尔大学读书。

　　除了数学，欧拉还研究天文学、生物学等科学——只要是大学里开设的学科，欧拉都有所涉猎。欧拉并不生活在海边，甚至从未见过一艘帆船，却完成了一篇论述船上桅杆最优放置方法的论文，并获得了法国科学院主办的征文竞赛二等奖。

　　不过，欧拉最擅长的仍是数学，并且总是充满奇思妙想。他思考的问题之一，就是多边形的顶点数和边数之间的关系。

　　欧拉将多边形上连接两个点的线段称为边，将两条边相交的点称为顶点。

　　他的证明过程如下：

　　在纸上任意画出 5 个点，用线段依次连接，从而得到 5 个顶点和 5 条边。多边形内的部分算作 1 个面的话，多边形外的部分（纸面）就

欧拉的爸爸是一名牧师，一度希望儿子能够投身神学，但最终还是做出了让步。

算作第 2 个面。

让我们继续欧拉的实验。在多边形外再画 2 个点，依次用线段连接。从而得到 7 个顶点、8 条边和 3 个面。接着再画 1 个点，用线段与多边形相连，从而得到 8 个顶点、10 条边和 4 个面。

它们之间有什么关联吗？

我们可以试着用顶点的数量－边的数量＋面的数量，看看分别得出什么结果。

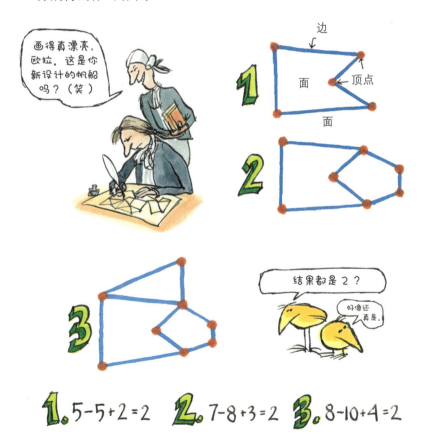

$$1. \ 5-5+2=2 \qquad 2. \ 7-8+3=2 \qquad 3. \ 8-10+4=2$$

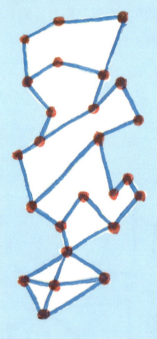

自己动手画一个新的多边形。准备纸、笔和尺子。比如，在纸上任意画6个点，然后用线段依次连接，从而得到：

6 个顶点 − 6 条边 + 2 个面 = 2

再画 3 个点，用线段依次连接。可以使用不同颜色的彩笔，以便识别出多边形增加的部分。从而得到：

9 个顶点 − 10 条边 + 3 个面 = 2

换一种颜色的彩笔，再画 2 个点，用线段与多边形相连。从而得到：

11 个顶点 − 13 条边 + 4 个面 = 2

你可以一直继续下去。只加一个点也行，多加四五个点也行。

你也可以重新画一个多边形，无论它有几个顶点、几条边，形状有多奇怪，都可以得出同样的结果：

顶点的数量 − 边的数量 + 面的数量 = 2

我能在其中一个面里加个顶点吗？

试试看嘛。

正是莱昂哈德·欧拉发现了多边形的顶点、边和面之间的关系。他证明出这一公式的结果永远等于2。欧拉对此当然很高兴，但碍于数学家的身份，他总不能把"顶点的数量""边的数量""面的数量"这类词汇写进公式，因此用数学符号代替：

顶点的数量 = V

边的数量 = E

面的数量 = F

公式可以写成 V − E + F = 2。这就是欧拉公式。

直到200年后的今天，欧拉公式仍然意义重大，被广泛运用于拓扑学领域。拓扑学是物理学家研究宇宙的数学理论。比如，宇宙是有限还是无限的？这就是一个拓扑学问题。

你能一笔画出下面的图形吗？画的过程中不能间断，也不能出现重复。

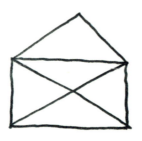

那下面这个图形呢？你能不间断、不重复地一笔画出来吗？

在回答了这两个问题后，你就可以自己设计一笔画的图形了。

● 和好朋友一起画。比一比，谁设计出的一笔画图形最多？要求画的过程中不能间断，不能出现重复。

● 以下是一些参考图形，其中有些图形无法一笔画成。什么样的图形才能一笔画出呢？

这是一个关于角和边的拓扑游戏，相当于欧拉公式里，将分散的点用线连起来。

拓扑学家根本不需要涂涂画画，就能知道哪些图形能够不间断、不重复地一笔画出。他们将连接有奇数条边的顶点称为奇点，并研究图形中奇点的个数。下方的图中，有3条边与奇点相连。连接偶数条边的顶点称为偶点。下方的图中，有4条边与偶点相连。

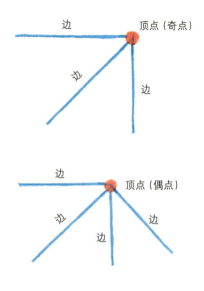

瞧，拓扑学家的秘密就藏在后面的图表中。他们究竟是怎么想的？不确定的话，你可以用自己设计的多边形多实验几次。将结果补充到图表里。

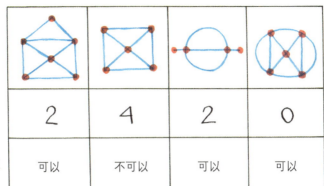

奇点	2	4	2	0
可以一笔画出吗？	可以	不可以	可以	可以

试试看，哪些字母可以一笔画出来？

莫比乌斯带

你需要准备以下材料:一张白纸、铅笔、彩笔、剪刀和胶水。

在白纸上剪出两条纸带。这里提供一个参考尺寸:6厘米宽,50厘米长。

- 将其中一条纸带的两端粘在一起,做成一个纸带圈。
- 将纸带圈的外侧涂成一种颜色,内侧涂成另一种颜色。
- 沿中线剪开纸带圈。
- 结果如何?

你肯定心想,这还不简单?一个纸带圈变成两个纸带圈,宽度是原来的一半,外侧一种颜色,内侧是另一种颜色。

- 将另一条纸带扭转半圈后,再把两端粘在一起,做成一个扭转半圈的纸带圈。
- 将纸带圈的外侧涂成一种颜色,内侧涂成另一种颜色。结果如何?

100

● 沿中线剪开纸带圈，会得到什么？

● 再次沿中线剪开纸带圈，又会得到什么？再沿中线剪开一次呢？

按照开始的尺寸，再剪出若干条纸带。用虚线标出中线。

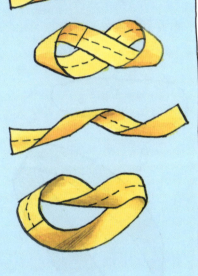

● 将一条纸带扭转一整圈，粘接两端，做成一个扭转一圈的纸带圈。

● 将纸带圈的外侧涂成一种颜色，内侧涂成另一种颜色。这个纸带圈有一个面还是两个面？有一条边还是两条边？

● 沿中线剪开。结果如何？

● 另取一条纸带，将纸带扭转一圈半，粘接两端，做成一个扭转一圈半的纸带圈。

● 将纸带圈的外侧涂成一种颜色，内侧涂成另一种颜色。这个纸带圈有一个面还是两个面？有一条边还是两条边？

● 沿中线剪开。结果如何？

● 继续实验下去。将纸带扭转 4 圈、5 圈甚至更多，粘接两端，给纸带圈的外侧和内侧涂色。想一想，什么情况下，纸带圈会有两个面和两条边？什么情况下，纸带圈只有一个面和一条边？

魔术！

扭转半圈后粘成的纸带圈就叫莫比乌斯带。它的发现者是奥古斯特·费迪南德·莫比乌斯，19世纪的一位德国数学家。

　　莫比乌斯带的神奇之处在于，它只有一条边和一个面。由于只有一个面，你在涂色的时候会发现，整条纸带圈只能涂成一种颜色。

　　想要验证它是不是只有一条边，你可以用手指当作蚂蚁，沿着莫比乌斯带的边走一圈试试。

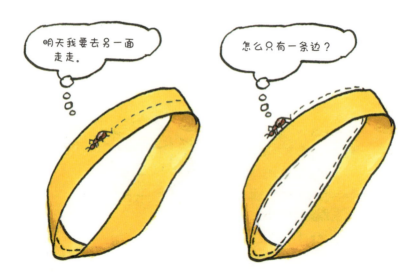

四色问题

　　四色问题是数学领域中一个有着上百年历史的著名难题。内容如下：

　　只需 4 种颜色，就能为任意一张地图着色，使得拥有共同边界的两个国家颜色不同。

　　真的是这样吗？

　　没错。你只需要 4 种颜色，就能完成下一页图形（它像是被划分成许多国家的世界版图）的着色。绘图工作者很早就懂得用 4 种颜色绘制地图，但对于数学家而言，只有证明了它的真实性，才能称之为定理。而这样的证明，仅靠给不同的地图着色是远远不够的。

　　20 多年前，两名美国数学家成功证实了四色问题的猜想，四色问题也就成了四色定理。这是数学家首次利用计算机证明长久以来的猜想。

103

将下面的图形复印或描下来，然后着色。你最多只能使用 4 种颜色，并且保证相邻的两片区域呈现不同的颜色。从正中的五边形开始，逐渐向四周扩充。

将世界地图的非洲版图复印下来，然后着色。拥有共同边界的国家必须呈现不同的颜色。

只需要 4 种颜色吗？

柏拉图立体

　　仔细观察一粒普普通通的食盐，有放大镜的话就更好啦。你可以看见盐粒像四四方方的小格子，呈现立方体结构。每一个这样的立方体都是食盐的一个晶体。

Cl⁻ 氯离子

Na⁺ 钠离子

食盐的主要成分氯化钠的晶体结构

　　立方体是一种正多面体。正多面体意味着每一个面的大小一样，每一条棱的长度一样，每一个顶角的度数也一样。一共有 5 种正多面体，它们又被称为柏拉图立体。仅用等边三角形，即可组成其中的 3 种：

- 正四面体（正三棱锥）由 4 个等边三角形组成。
- 正八面体由 8 个等边三角形组成。
- 正二十面体由 20 个等边三角形组成。

　　第四种柏拉图立体，即立方体（正六面体），由 6 个正方形组成。

正四面体

正八面体

正二十面体

立方体

正十二面体

第五种柏拉图立体，即正十二面体，由12个正五边形组成。

这5种正多面体因哲学家柏拉图而得名。柏拉图生活在两千多年前的古希腊雅典。

在其著作《蒂迈欧篇》里，柏拉图阐述了自己对宇宙起源的构想："宇宙灵魂"孕育出土地和天空，进而创造出不同形式的万物——恒星、行星、水、火、空气、植物、动物和人类。

柏拉图写道，在我们人类眼中，宇宙是混沌无序的。可实际上，宇宙以极尽完美而和谐的方式存在。柏拉图表示，土地和天空可以归纳为四个元素：火、风、水、土。由于正多面体的结构最为完美，因此它们也是构成四元素的基础。

上帝用圆规测量地球。图片出自法国 13 世纪的手稿。

这就是柏拉图的观点：宇宙的本质是数学结构。

之后 1000 多年的时间里，人们始终对柏拉图的观点深信不疑。创作于中世纪的一幅画作中，上帝就是一名数学家，他用手里的圆规创造出地球。

 做一做

利用本书最后所附的模板，你也可以做出一个正四面体。和好朋友一起，将模板复印下来。根据自己的喜好，在纸面上画出花纹，然后折叠、粘贴。

利用塑料吸管和扭扭棒，也可以做出柏拉图立体。将塑料吸管一分为二，塞入扭扭棒。利用两端伸出的扭扭棒旋扭固定，将塑料吸管组合在一起。你可以试着做出正四面体、立方体，甚至更多。

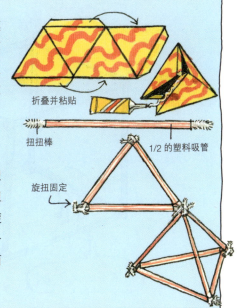

折叠并粘贴

扭扭棒

1/2 的塑料吸管

旋扭固定

顶点、棱和面的关系

你还记得欧拉公式吗？它论证了多边形的顶点、边和面的数量之间的关系。对于多面体，我们也可以进行类似的验算。围成多面体的多边形叫作面，两个面的公共边叫作棱。

以立方体为例，验算欧拉公式。

用顶点的数量－棱的数量＋面的数量，即 V－E＋F，看看结果如何。

立方体有 8 个顶点（V＝8），12 条棱（E＝12），6 个面（F＝6）。因此 8－12＋6＝2。

这一公式对所有的多面体都适用吗？你可以借助自己做的其他正多面体进行计算。

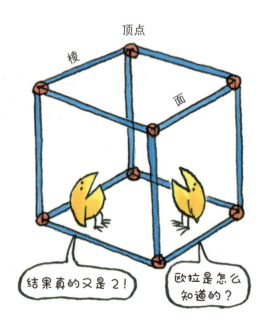

参考答案

第 17～18 页:**用火柴拼搭三角形**

每搭出一个新的三角形都要加上 2 根火柴 (只有在搭第 1 个三角形时, 需要用到 3 根火柴)。因此, 用三角形的个数乘 2, 再加上 1 (第 1 个三角形多用的 1 根), 即可得出所需火柴的根数。

第 29 页, 第 32～33 页:**毕达哥拉斯定理**

A (以短直角边作为边长的正方形) = 5 × 5 = 25

B (以长直角边作为边长的正方形) = 12 × 12 = 144

C (以斜边作为边长的正方形) = 13 × 13 = 169

A + B = C

25 + 144 = 169

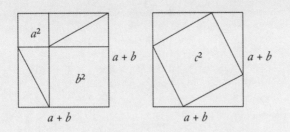

两次拼图中用到的 4 个直角三角形完全一样, 可以推导出两个小正方形的面积之和等于大正方形的面积, 即 $a^2 + b^2 = c^2$。

109

第 34～35 页：**报数游戏**

在"谁先报出 20"的游戏中，让我们看看后 10 个数字：

11　12　13　14　15　16　17　18　19　20

如果下一轮你报出数字 17，那就肯定能赢！假设对方加 1，报出 18，那你就加 2，报出 20；假设对方加 2，报出 19，那你就加 1，报出 20。以此往前推算，11 和 14 也是取胜的关键数。

"谁先报出 100"的关键数则是 1, 12, 23, 34, 45, 56, 67, 78, 89。谁先说出其中的一个关键数，谁就有率先报出 100 的把握！

第 47 页：**越精细，越绵长**

	边的数量
步骤 1	$3 \times 4 = 12$
步骤 2	$3 \times 4 \times 4 = 3 \times 4^2 = 48$
步骤 3	$3 \times 4 \times 4 \times 4 = 3 \times 4^3 = 192$
步骤 4	$3 \times 4 \times 4 \times 4 \times 4 = 3 \times 4^4 = 768$
步骤 5	$3 \times 4 \times 4 \times 4 \times 4 \times 4 = 3 \times 4^5 = 3072$

……

4 右上角的指数表示有几个 4 相乘。步骤 10 即代表有 10 个 4 连乘，可简单写作 4^{10}，所得边的数量为：$3 \times 4^{10} = 3145728$（条）。

步骤 n 完成后，新图形中边的数量为：3×4^n（条）。

正三角形初始周长为 $3 \times 9 = 27$（厘米）。步骤 1 完成后，所得图形的周长为：$3 \times 4 \times \dfrac{9}{3} = 3 \times 4 \times 3 = 36$（厘米）。

第53页：楔形文字

$= 25$
$(10 \times 2 + 5)$

$= 43$
$(10 \times 4 + 3)$

$= 92$
$(60 + 32)$

$= 133$
$(60 \times 2 + 13)$

$= 3652$
$(60^2 + 60 \times 0 + 52)$

第55页：罗马数字

$24 =$ XXIV，$89 =$ LXXXIX，$136 =$ CXXXVI，$773 =$ DCCLXXIII。

如果你今年 11 岁，罗马数字即写作 XI，12 岁即 XII。出生年份为 2008 年，即写作 MMVIII。

第 60～61 页：**埃拉托斯特尼筛法**

小于 100 的质数共有 25 个。

100 以内的孪生质数：3 和 5，5 和 7，11 和 13，17 和 19，29 和 31，41 和 43，59 和 61，71 和 73。

101 到 200 之间的质数：

101，103，107，109，113，127，131，137，149，151，157，163，167，173，179，181，191，193，197，199。

第 64～65 页：**用正方形拼拼图**

$1 = 1 \times 1$	$26 = 2 \times 13$
$2 = 1 \times 2$	$27 = 3 \times 9$
$3 = 1 \times 3$	$28 = 2 \times 14 = 4 \times 7$
$4 = 2 \times 2$	$29 = 1 \times 29$
$5 = 1 \times 5$	$30 = 2 \times 15 = 3 \times 10 = 5 \times 6$
$6 = 2 \times 3$	$31 = 1 \times 31$
$7 = 1 \times 7$	$32 = 2 \times 16 = 4 \times 8$
$8 = 2 \times 4$	$33 = 3 \times 11$
$9 = 3 \times 3$	$34 = 2 \times 17$
$10 = 2 \times 5$	$35 = 5 \times 7$
$11 = 1 \times 11$	$36 = 2 \times 18 = 3 \times 12 = 4 \times 9 = 6 \times 6$
$12 = 2 \times 6 = 3 \times 4$	$37 = 1 \times 37$
$13 = 1 \times 13$	$38 = 2 \times 19$
$14 = 2 \times 7$	$39 = 3 \times 13$

$15 = 3 \times 5$

$16 = 2 \times 8 = 4 \times 4$

$17 = 1 \times 17$

$18 = 2 \times 9 = 3 \times 6$

$19 = 1 \times 19$

$20 = 2 \times 10 = 4 \times 5$

$21 = 3 \times 7$

$22 = 2 \times 11$

$23 = 1 \times 23$

$24 = 2 \times 12 = 3 \times 8 = 4 \times 6$

$25 = 5 \times 5$

$40 = 2 \times 20 = 4 \times 10 = 5 \times 8$

$41 = 1 \times 41$

$42 = 2 \times 21 = 3 \times 14 = 6 \times 7$

$43 = 1 \times 43$

$44 = 2 \times 22 = 4 \times 11$

$45 = 3 \times 15 = 5 \times 9$

$46 = 2 \times 23$

$47 = 1 \times 47$

$48 = 2 \times 24 = 3 \times 16 = 4 \times 12 = 6 \times 8$

$49 = 7 \times 7$

$50 = 2 \times 25 = 5 \times 10$

正方形拼板的块数为质数时，无法拼出矩形。

正方形拼板的块数为 2 个或 3 个质数的乘积时，只能拼出一种矩形，比如：$8 = 2 \times 2 \times 2$ 或 $27 = 3 \times 3 \times 3$。

其余块数的拼板，都可以拼出至少两种矩形。

用 $2 \times 3 \times 5 \times 7 = 210$ 块拼板，可以拼出 7 种矩形。

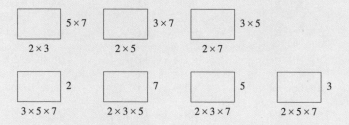

用 $2^{10} = 1024$ 块拼板，可以拼出 5 种矩形。右上角的指数代表底数 2 和自己相乘的次数。

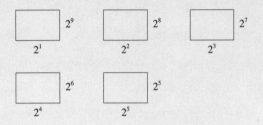

用 2^{11}=2048 块拼板，可以拼出 5 种矩形。

第 67 页：哥德巴赫猜想

4 ～ 100 所有偶数的质数组合为：

$4 = 2 + 2$	$28 = 5 + 23$	$52 = 5 + 47$
$6 = 3 + 3$	$30 = 7 + 23$	$54 = 7 + 47$
$8 = 3 + 5$	$32 = 3 + 29$	$56 = 3 + 53$
$10 = 3 + 7$	$34 = 3 + 31$	$58 = 5 + 53$
$12 = 5 + 7$	$36 = 5 + 31$	$60 = 7 + 53$
$14 = 3 + 11$	$38 = 7 + 31$	$62 = 3 + 59$
$16 = 3 + 13$	$40 = 3 + 37$	$64 = 3 + 61$
$18 = 5 + 13$	$42 = 5 + 37$	$66 = 5 + 61$
$20 = 3 + 17$	$44 = 3 + 41$	$68 = 7 + 61$
$22 = 3 + 19$	$46 = 3 + 43$	$70 = 3 + 67$
$24 = 5 + 19$	$48 = 5 + 43$	$72 = 5 + 67$
$26 = 3 + 23$	$50 = 3 + 47$	$74 = 3 + 71$

$76 = 3 + 73$	$86 = 3 + 83$	$96 = 7 + 89$
$78 = 5 + 73$	$88 = 5 + 83$	$98 = 19 + 79$
$80 = 7 + 73$	$90 = 7 + 83$	$100 = 3 + 97$
$82 = 3 + 79$	$92 = 3 + 89$	
$84 = 5 + 79$	$94 = 5 + 89$	

列表内所有偶数，均拆分为其数值范围内最小质数和最大质数的组合。

第 73 页："数学王子"高斯

1 ~ 20 的整数之和为 210。

1 ~ 50 的整数之和为 1275。

1 ~ 209 的整数之和为 21945。

第 81 页：斐波那契数列

斐波那契数列里，我们可以这样从 89 往下算：

$55 + 89 = 144$，$89 + 144 = 233$，$144 + 233 = 377$，$233 + 377 = 610$，$377 + 610 = 987$。你可以一直写下去，只是本书空间有限，不再一一列举。

987 之后依次是 1597，2584，4181，6765，10946……

天数	当日金额（元）	总金额（元）
1	1	1
2	$2 \times 1 = 2 = 2^1$	$1 + 2 = 3$
3	$2 \times 2 = 4 = 2^2$	$3 + 4 = 7$
4	$2 \times 4 = 8 = 2^3$	$7 + 8 = 15$
5	$2 \times 8 = 16 = 2^4$	$15 + 16 = 31$
6	$2 \times 16 = 32 = 2^5$	$31 + 32 = 63$
7	$2 \times 32 = 64 = 2^6$	$63 + 64 = 127$
8	$2 \times 64 = 128 = 2^7$	$127 + 128 = 255$
9	$2 \times 128 = 256 = 2^8$	$255 + 256 = 511$
10	$2 \times 256 = 512 = 2^9$	$511 + 512 = 1023$
11	$2 \times 512 = 1024 = 2^{10}$	$1023 + 1024 = 2047$
12	$2 \times 1024 = 2048 = 2^{11}$	$2047 + 2048 = 4095$
13	$2 \times 2048 = 4096 = 2^{12}$	$4095 + 4096 = 8191$
14	$2 \times 4096 = 8192 = 2^{13}$	$8191 + 8192 = 16383$
15	$2 \times 8192 = 16384 = 2^{14}$	$16383 + 16384 = 32767$
16	$2 \times 16384 = 32768 = 2^{15}$	$32767 + 32768 = 65535$
17	$2 \times 32768 = 65536 = 2^{16}$	$65535 + 65536 = 131071$
18	$2 \times 65536 = 131072 = 2^{17}$	$131071 + 131072 = 262143$
19	$2 \times 131072 = 262144 = 2^{18}$	$262143 + 262144 = 524287$
20	$2 \times 262144 = 524288 = 2^{19}$	$524287 + 524288 = 1048575$
21	$2 \times 524288 = 1048576 = 2^{20}$	$1048575 + 1048576 = 2097151$

以此类推，2 右上角的数字称为指数，表示 2 和自己连乘的次数。

九宫格内，每一行的 3 个数相加之和 = 15。将所有数字相加，$1+2+3+4+5+6+7+8+9=45$，再除以 3（总行数），结果等于 15。

十六宫格内，每一行的 4 个数相加之和 $=34$。将所有数字相加，$1+2+3+4+\cdots+15+16=136$，再除以 4（总行数），结果等于 34。

九宫格示例

4	9	2
3	5	7
8	1	6

8	1	6
3	5	7
4	9	2

6	1	8
7	5	3
2	9	4

6	7	2
1	5	9
8	3	4

十六宫格示例

16	3	2	13
5	10	11	8
9	6	7	12
4	15	14	1

第90～91页：**有多少种组合方式？**

6 种口味：第一个球有 6 种选择，第二个球有 5 种选择，因此总共有 $6\times5=30$ 种组合方式。但相同口味的冰淇淋出现了两次，因此必须将结果除以 2。即：

$$\frac{6 \times 5}{2} = \frac{30}{2} = 15 \text{ 种（组合方式）}$$

15 种口味：
$$\frac{15 \times 14}{2} = \frac{210}{2} = 105 \text{ 种（组合方式）}$$

双球允许相同口味的情况下：3 种口味可以有 3 + 3 = 6 种组合，6 种口味可以有 15 + 6 = 21 种组合，15 种口味可以有 105 + 15 = 120 种组合。

4 个图形可以组成 4×3×2×1 = 24 种排列方式。

5 个图形：5×4×3×2×1 = 120 种

6 个图形：6×5×4×3×2×1 = 720 种

7 个图形：7×6×5×4×3×2×1 = 5040 种

8 个图形：8×7×6×5×4×3×2×1 = 40320 种

9 个图形：9×8×7×6×5×4×3×2×1 = 362880 种

10 个图形：10×9×8×7×6×5×4×3×2×1 = 3628800 种

第 97 页：**拓扑游戏**

没有奇点或只有 2 个奇点（即奇点的数量为 0 或 2）的多边形，可以一笔画出。你必须从其中一个奇点出发，才能不间断、不重复地一笔画完所有线条。

第 100 ～ 101 页：**莫比乌斯带**

如果将纸带扭转半圈的 2 倍、4 倍、6 倍等（偶数倍），做出的纸带圈会有两个面和两条边。

如果将纸带扭转半圈的 1 倍、3 倍、5 倍等（奇数倍），做出的纸带圈只有一个面和一条边。

第 108 页：**顶点、棱和面的关系**

所有多面体的计算结果均为 2。

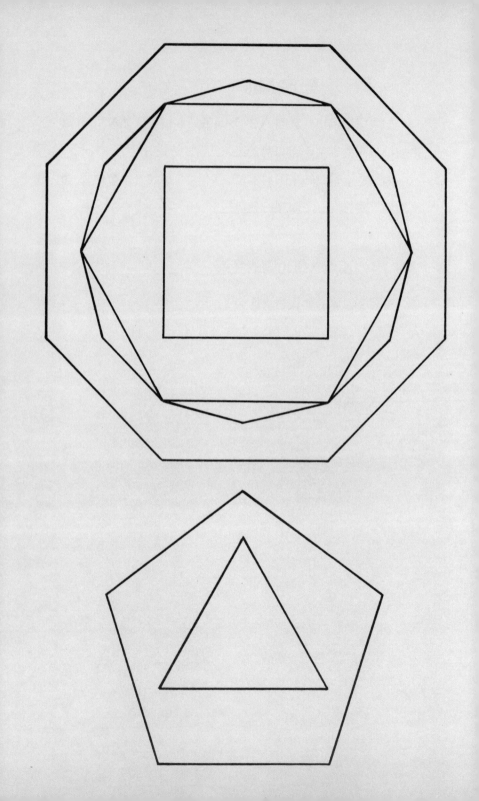

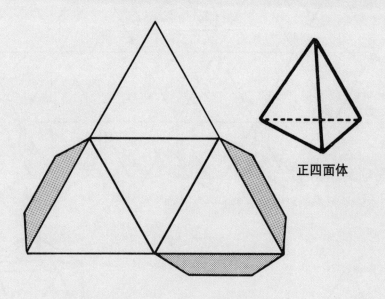

正四面体

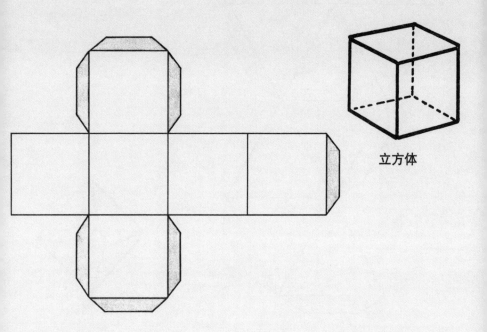

立方体

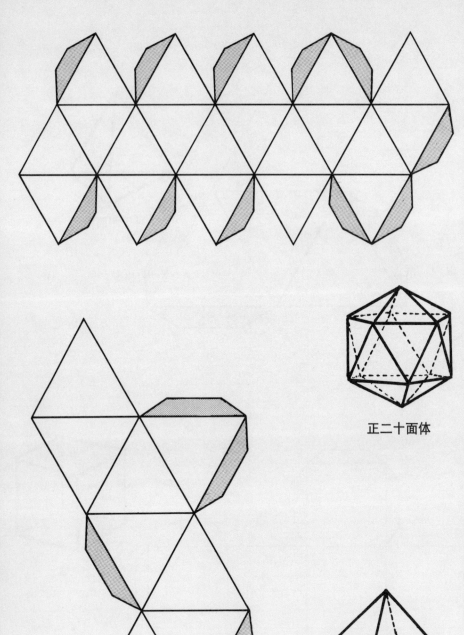

正二十面体

正八面体

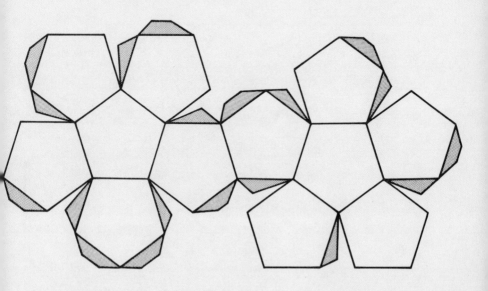

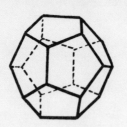

正十二面体